Neue kreative Ideen aus Drahtgitter

Ulrike Kandt

Material (Eckige Gießkanne Abb. Seite 1)

- verzinktes Drahtgitter (siehe Zuschnitt)
- oranger Papier-Deko-Draht, Ø 2 mm, 7 m lang
- orange-weiß kariertes Schleifenband, 25 mm breit, 2 m lang
- oranges Schleifenband, 5 mm breit, 4 m lang
- braunes Islandmoos
- Rosengirlande mit Beeren
- orange Sisalwolle, ca. 150-200 g
- Pflanzgefäß, ca. 10 x 10 cm

Zuschnitt des Drahtgitters

Boden, 9 x 19 Kästchen
2 kurze Seiten, je 9 x 13 Kästchen
2 lange Seiten, je 13 x 19 Kästchen
obere Abdeckung, 9 x 9 Kästchen
Ausgießer, 10 x 17 Kästchen (Zuschnitt siehe Vorlagenbogen)
Steg für den Ausgießer, 6 x 9 Kästchen (Zuschnitt siehe Vorlagenbogen)
oberer Henkel, 3 x 28 Kästchen
seitlicher Henkel, 3 x 19 Kästchen

Alle zugeschnittenen Einzelteile mit Papier-Deko-Draht zusammenbinden (siehe Skizze Seite 5). Als Erstes die zwei kurzen bzw. langen Seiten am Boden befestigen und in der Höhe miteinander verbinden. Danach die obere Abdeckung einsetzen und deren verbleibenden Rand sowie den der Gießkannen-Öffnung umwickeln. Den Ausgießer und den Steg rund formen und die offenen Nähte schließen. Jetzt die Öffnung des Ausgießers versäubern und den stufenförmigen Ansatz am Gießkannen-Körper befestigen. Nun den Steg mit Sisalwolle ausstopfen und am Ausgießer sowie am Körper andrahten. Danach die Ränder der Henkel mit Papier-Deko-Draht umwickeln. In die Kästchen-Reihen des oberen Henkels drei Streifen des schmalen Schleifenbandes einflechten. Beim seitlichen Henkel nur einen Bandstreifen mittig einziehen und fixieren. Beide Henkel an der Gießkanne befestigen. In die zehnte Kästchen-Reihe der Seiten (vom Boden aus gezählt) ebenfalls Schleifenband flechten. Nun den Ausgießer sowie den Gießkannen-Körper mit Sisalwolle ausstopfen. Aus dem schmalen und breiten Band je zwei Schleifen binden, aufeinander setzen, mittig je eine Deko-Rose platzieren und an die Enden des oberen Henkels kleben. Jetzt den Steg und die obere Abdeckung der Gießkanne mit ein wenig Islandmoos dekorieren. Danach die Rosengirlande befestigen und beliebig drapieren. Zum Schluss das mit Kunstblüten oder einer Topfpflanze versehene Gefäß einsetzen.

Impressum:

© 2006 Bücherzauber Verlag GmbH, 41540 Dormagen

ISBN 10: 3-86545-129-2 ▪ ISBN 13: 978-3-86545-129-3 ▪ Best.-Nr.: 45129

Fotos: Agata Franica
Styling: Agata Franica
Grafik/Zeichnungen: Daria Broda
Layout/Satz/Bildbearbeitung: Andrea Splietker
Druck: asmuth, Köln ▪ www.asmuth-koeln.de

1. Auflage 2006

Vorwort

Viele von Ihnen haben sich vielleicht schon mit dem Material Drahtgitter vertraut gemacht, durch das im April 2005 erschienene Buch „ Faszinierende Dekoration aus Drahtgitter". Sicher haben Sie auch bereits erste Erfolge verbuchen können. Aber auch „Draht-Neulinge" oder ungeübte Bastler können sich an die aufgeführten Modelle heranwagen. Sie werden feststellen, dass das Material leicht zu handhaben ist. Viel Freude und Erfolg beim Nacharbeiten der Draht-Dekorationen wünscht Ihnen

Ulrike Kandt

Einen lieben Dank an meinen Mann und unseren Sohn Philipp, für eure hilfreiche Ausarbeitung am PC.

Material & Werkzeug

Seitenschneider,
Rundzange

Bastelschere

Außerdem:
- Papier-Deko-Draht, Ø 2 mm
- Kokoskordel, Ø 1 cm
- Sisalwolle
- Deko-Material

Alle Modelle sind aus verzinktem Drahtgitter mit 0,65 mm Stärke gefertigt. Die Kästchengröße hierbei beträgt 12,7 x 12,7 mm. Daher werden in den Materialangaben lediglich die benötigten Zuschnitte aufgeführt.

Schleifenband

Heißklebepistole

verzinkter Bindedraht
Ø ca. 0,35 mm

So wird's gemacht!

Wissenswertes zur Verarbeitung

Verzinktes Drahtgitter ist in verschiedenen Stärken erhältlich. Am einfachsten lassen sich die Stärken von 0,65 mm und von 0,8 mm verarbeiten. Achten Sie darauf, den Draht möglichst nah an den Verbindungspunkten der Kästchen zu durchtrennen, um sich später nicht an den Spitzen zu verletzen. Hierfür einen Seitenschneider verwenden. Die Maße für die einzelnen Drahtgitter-Teile sind in den Anleitungen in Kästchen angegeben und können leicht ausgezählt werden. Die Einzelteile werden überwendlich (siehe Skizze) zusammengebunden. Hierfür entweder verzinkten Bindedraht, Papier-Deko-Draht oder schmales Schleifenband verwenden. Es wird in der Regel für das Bindematerial die ca. 1,5 fache Länge der zusammenzufügenden Zuschnitte benötigt. Die Längenangaben in den einzelnen Anleitungen können dabei leicht variieren, je nachdem wie straff oder locker angezogen wird. Für die Stabilität genügt es in den meisten Fällen, durch jedes Drahtgitter-Kästchen nur einmal zu fädeln. Sehr lange Strecken sollten in kürzeren Etappen gearbeitet werden, damit sich das Bindematerial nicht zu stark verdreht. Anfang sowie Ende können verknotet oder mit Heißkleber fixiert und später bei Bedarf durch Dekoration kaschiert werden. Auch kann die Reihenfolge des Aufbaus verändert werden. Sie kommen immer zum gleichen Ergebnis. Sollten nach dem Verbinden der zugeschnittenen Einzelteile sichtbare Drahtgitter-Spitzen verbleiben, so biegen Sie diese, mithilfe einer Rundzange, einfach um.

Rundungen

Einige Modelle haben eine gewölbte Form. Die Einzelteile zunächst gerade zusammenbinden und später von Hand ausformen. Zum Aufrollen des Drahtgitters (für die Ausgießer der Gießkannen) eignet sich ein dickeres Rundholz, wie z.B. ein Besenstiel.

Füll- und Deko-Material

Hier kann der Kreativität freien Lauf gelassen werden. Die Modelle in diesem Buch können der Jahreszeit entsprechend durch Deko-Materialien immer wieder neu umgestaltet werden. Als Füllmaterial erhalten Sie Sisalwolle in einer breiten Farbpalette. Auch Holzwolle, Moos oder Heu kann zum Füllen verwendet werden. Farbige Akzente setzen Schleifenband, hübsche Accessoires wie Blüten- und Beerengirlanden, kleine Gießkannen, Streuteile und vieles mehr. Auch Naturmaterialien, wie z.B. Moos, Baumrinde, Zapfen und Zweige eignen sich hervorragend. Die bei einigen Modellen verwendeten Pflanzgefäße können Sie entweder mit Kunstblüten oder echten Pflanzen bestücken.

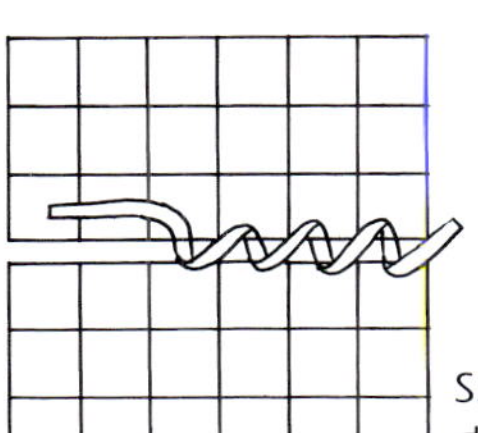

Skizze für das Verbinden der Drahtteile

Skizze für das Umwickeln der stufenartigen Drahtteile

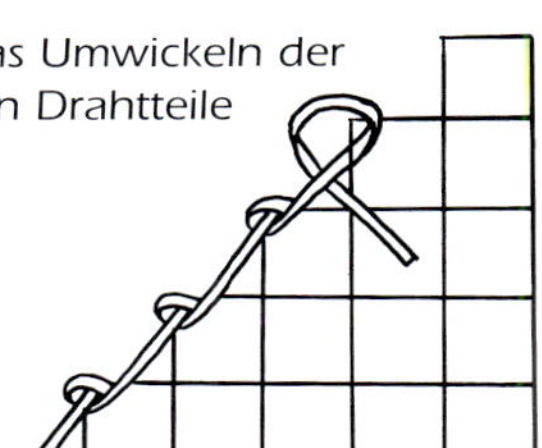

Runde Gießkanne

Material

- verzinktes Drahtgitter (siehe Zuschnitt)
- verzinkter Bindedraht, Ø ca. 0,35 mm
- grüner Papier-Deko-Draht, Ø 2 mm, 5 m lang
- grün-weiß kariertes Schleifenband, 15 mm breit, 3 m lang
- weiße Sisalfaser
- grünes Islandmoos
- grüne Blättergirlande
- 2 Baumscheiben, ca. 4,5-5 cm lang
- 2 Metall-Sonnenblumen
- dunkelgrüne Sisalwolle, ca. 150-200 g
- Pflanzgefäß, Ø ca. 10 cm

Zuschnitt des Drahtgitters

Boden, 13 x 13 Kästchen (Zuschnitt siehe Vorlagenbogen)
Gießkannen-Körper, 20 x 40 Kästchen
obere Abdeckung, 6 x 14 Kästchen (Zuschnitt siehe Vorlagenbogen)
Ausgießer, 10 x 20 Kästchen (Zuschnitt siehe Vorlagenbogen)
Steg für den Ausgießer, 8 x 8 Kästchen (Zuschnitt siehe Vorlagenbogen)
oberer Henkel, 2 x 30 Kästchen
seitlicher Henkel, 2 x 22 Kästchen

Zunächst mittels Papier-Deko-Draht den Gießkannen-Körper mit dem Boden verbinden und die senkrechte Naht schließen (siehe Skizze Seite 5). Danach die obere Abdeckung einsetzen und deren verbleibenden Rand sowie den der Gießkannen-Öffnung umwickeln. Nun den Ausgießer und ebenso den Steg rund formen und die Nähte mit verzinktem Bindedraht schließen. Die Öffnung des Ausgießers mit Papier-Deko-Draht versäubern und den stufenförmigen Ansatz mittels Bindedraht am Gießkannen-Körper befestigen.

Als Nächstes den Steg ausstopfen und am Ausgießer bzw. Körper andrahten. Nun die Ränder der Henkel mit Papier-Deko-Draht umwickeln, beidseitig Schleifenband aufkleben und oben sowie seitlich an der Gießkanne befestigen. Jetzt alles mit Sisalwolle ausstopfen. Um das obere Drittel des Gießkannen-Körpers das Schleifenband kleben. Vereinzelt ein wenig Islandmoos platzieren sowie die Baumscheiben auf die Abdeckung setzen.

Nun zwei Schleifen binden, mit Sisalfaser unterlegen und gegenüberliegend an den Enden des oberen Henkels fixieren. Ebenso auf beiden Seiten je eine Metall-Sonnenblume anbringen. Zum Schluss die Blättergirlande beliebig um die Gießkanne drapieren und das bepflanzte Gefäß einsetzen.

Viel Glück !

Material

- verzinktes Drahtgitter (siehe Zuschnitt)
- verzinkter Bindedraht, Ø ca. 0,35 mm
- hellgrüner Sprühlack
- hellgrüne Sisalfaser mit Draht, 3 m lang
- naturfarbener Bast
- Buchs-Rebengirlande, 1 m lang
- Deko-Reisig
- olivgrüne Kokoskordel, 60 cm lang
- 2 Reisig-Kränze, Ø ca. 8 cm
- Metall-Clip, Sonne
- Metall-Gießkanne
- Mini-Astscheiben
- grünes Islandmoos
- Baumflechte
- Deko-Rose
- 2 kleine Igel
- Holz-Streublüten, 2 x ca. Ø 5 cm, 6 x ca. Ø 3,5 cm
- hellgrüne Sisalwolle, ca. 100-150 g

Zuschnitt des Drahtgitters

Vorder- und Rückseite, je 21 x 21 Kästchen (Zuschnitt siehe Vorlagenbogen)
4 Seitenstreifen, je 2 x 25 Kästchen

Zu Beginn die zugeschnittenen Drahtgitter-Teile mit Sprühlack grün einfärben und trocknen lassen. Danach die Seitenstreifen einzeln um die Kleeblatt-Form der Vorder- oder Rückseite legen und mit verzinktem Bindedraht annähen (siehe Skizze Seite 5). Anschließend die Seitenstreifen miteinander verbinden. Nun die zweite Kleeblatt-Form auflegen, etappenweise andrahten und gleichzeitig mit Sisalwolle ausstopfen. Auf der Vorder- und Rückseite die Sisalfaser um die Konturen des Kleeblattes legen und fixieren. Nun das Islandmoos flächendeckend auf den Seitenstreifen anbringen. Danach aus der Buchs-Rebengirlande eine Schleife binden, einen Strang nach unten führen, mit Bast unterlegen und mittig auf dem Kleeblatt platzieren. Ebenfalls einige Bastfäden hängen lassen. Nun die Schleifenmitte mit Islandmoos und einer Deko-Rose schmücken. Darüber die mit einer Holz-Streublüte und Mini-Astscheiben versehene Metall-Gießkanne fixieren. Das Kleeblatt weiter mit Islandmoos, Baumflechte, ein wenig Deko-Reisig und je zwei großen wie auch kleinen Holz-Streublüten dekorieren. Die Reisig-Kränze mit je einem Igel, Islandmoos und Mini-Astscheiben auskleiden. Anschließend diese an den hängenden Bastfäden befestigen und die restlichen Holz-Streublüten verteilen. Einen Aufhänger aus der grünen Kokoskordel befestigen und die Metall-Sonne ankleben.

Ovale Gießkanne

Material
- verzinktes Drahtgitter (siehe Zuschnitt)
- naturfarbener Papier-Deko-Draht, Ø 2 mm, 7 m lang
- gemustertes Schleifenband, 3,5 cm breit, 2,5 m lang
- Kokoskordel, 3 m lang
- braunes Islandmoos
- Trockengräser
- Deko-Rose
- naturfarbene Sisalwolle, ca. 150-200 g
- Pflanzgefäß, Ø ca. 12,5 cm

Zuschnitt des Drahtgitters
Boden, 10 x 18 Kästchen (Zuschnitt siehe Vorlagenbogen)
2 Seiten, je 15 x 24 Kästchen
obere Abdeckung, 8 x 17 Kästchen (Zuschnitt siehe Vorlagenbogen)
Ausgießer, 10 x 20 Kästchen (Zuschnitt siehe Vorlagenbogen)
Steg für den Ausgießer, 3 x 12 Kästchen
Henkel, 3 x 50 Kästchen

Die zugeschnittenen Einzelteile mit Papier-Deko-Draht zusammenbinden (siehe Skizze Seite 5). Zunächst beide Seiten am Boden befestigen. Danach die senkrechten Nähte schließen und die obere Abdeckung einfügen. Nun den Rand der Gießkannen-Öffnung sowie den der Abdeckung umwickeln. Den Ausgießer rund formen, die offene Naht schließen und den stufenartigen Ansatz seitlich am Gießkannen-Körper andrahten.

Als Nächstes den Steg einfügen und die Ränder mit dem Papier-Deko-Draht versäubern. Ebenso mit den Kanten des Henkels verfahren sowie dessen Ober- und Unterseite mit Schleifenband bekleben. Danach den Henkel am Steg fixieren, im Bogen über die Gießkanne bis zum Boden führen und dort verdrahten. Nun den Ausgießer und den Gießkannen-Körper mit Sisalwolle ausstopfen.

Den unteren Teil der Gießkanne mit der Kokoskordel und dem Schleifenband bekleben. Um den oberen Rand sowie auf den Seiten (zum Herz gelegt) ebenfalls die Kokoskordel fixieren. Nun die Gießkannen-Abdeckung und den vorderen Teil des Steges mit Islandmoos sowie kleinen Sträußen aus Trockengräsern dekorieren. Aus dem restlichen Band eine Schleife binden, seitlich auf den Steg setzen und mit einer Deko-Rose schmücken. Zuletzt das nach persönlichem Geschmack oder der Jahreszeit entsprechend dekorierte Pflanzgefäß einsetzen.

EYE of the BEHOLDER
OATS

Zwei Herzen im Duett

Material für beide Herzen

- verzinktes Drahtgitter (siehe Zuschnitt)
- verzinkter Bindedraht, Ø ca. 0,35 mm
- rot-weiß kariertes Schleifenband, 10 mm breit, 1,5 m lang
- roter bzw. weißer Papier-Deko-Draht, Ø 2 mm, je 3,5 m lang
- rote bzw. weiße Rosengirlande mit Beeren
- grünes Islandmoos
- Deko-Reisig
- Reagenzglas, Ø 2 cm, 15 cm hoch
- Steckziegel
- rote Sisalwolle, ca. 50 g

Zuschnitt des Drahtgitters je Herz

Boden, 3 x 3 Kästchen
Vorder- und Rückseite, je 8 x 11 Kästchen (Zuschnitt siehe Vorlagenbogen)
2 Seitenstreifen, je 3 x 9 Kästchen

Zunächst die Vorder- und Rückseite mit verzinktem Bindedraht am Boden befestigen (siehe Skizze Seite 5). Danach die Seitenstreifen zwischenfassen, ebenfalls am Boden andrahten und senkrecht mit der Vorder- und Rückseite verbinden. Nun den roten bzw. weißen Papier-Deko-Draht zweifach nehmen, verdrehen, um den Rand legen und umwickeln. Anschließend das Herz mit Sisalwolle ausstopfen, dabei ein Stück des Steckziegels verdeckt einarbeiten.

Nun aus dem Schleifenband für jedes Herz zwei Schleifen binden, mit Islandmoos sowie je einer Rose dekorieren und auf der Vorder- bzw.Rückseite fixieren. Die Herz-Öffnung ebenfalls mit Islandmoos versehen. Nun ein Reagenzglas mittig in den eingesetzten Steckziegel drücken. Für eine bessere Standfestigkeit eventuell das untere Drittel des Reagenzglases mit Deko-Steinchen befüllen. Danach ein wenig Deko-Reisig bündeln und auf der Herz-Öffnung platzieren. Zuletzt die rote bzw. weiße Rosengirlande drapieren.

Ovaler Früchtekorb

Material
- verzinktes Drahtgitter (siehe Zuschnitt)
- hellgrüner Papier-Deko-Draht, Ø 2 mm, 4 m lang
- Kokoskordel, 2,5 m lang
- Kork-Jute-Dekoband, 5 cm breit, 1,25 m lang
- Callablüten-Drahtband, ca. 1 m lang
- grünes Islandmoos
- hellgrüne Sisalwolle, ca. 75 g
- Deko-Früchte

Zuschnitt des Drahtgitters
Boden, 10 x 22 Kästchen (Zuschnitt siehe Vorlagenbogen)
2 Seiten, je 10 x 28 Kästchen (Zuschnitt siehe Vorlagenbogen)
Henkel, 2 x 40 Kästchen

Für die Bindearbeiten den Papier-Deko-Draht verwenden. Zunächst beide Seiten leicht wölben und senkrecht miteinander zusammenbinden (siehe Skizze Seite 5). Danach den Boden gleichmäßig befestigen. Nun den Rand des Korbes sowie die Schrägen der Seiten mit Papier-Deko-Draht umwickeln (siehe Skizze Seite 5). Am unteren Teil der Korbseiten das Kork-Jute-Dekoband anbringen. Danach zwei Runden Kokoskordel fixieren. Nun das Callablüten- Drahtband auflegen und festkleben. Anschließend die Ränder des Henkels mit Papier-Deko-Draht versäubern. Als Nächstes das Kork-Jute-Dekoband halbieren und auf der Ober- bzw. Unterseite platzieren. Jetzt den Henkel zwischen die abgeschrägten Seiten setzen und andrahten. Aus dem Rest der Kokoskordel zwei Schleifen legen, abbinden und je eine an den Ansatzstellen des Henkels befestigen. Ein wenig Islandmoos verteilen sowie die Mitte der Schleifen mit einer Callablüte schmücken. Zuletzt die Sisalwolle in den Korb legen und die Deko-Früchte anordnen.

Gießkanne in Herzform

Material

- verzinktes Drahtgitter (siehe Zuschnitt)
- verzinkter Bindedraht, Ø ca. 0,35 mm
- naturfarbener Papier-Deko-Draht, Ø 2 mm, 3 m lang
- grün-weiß kariertes Schleifenband: 10 mm breit, 1,2 m lang, 5 mm breit, 1 m lang
- Kokoskordel, 2,5 m lang
- naturfarbener Papier-Deko-Draht, Ø ca. 0,8 mm
- 40 Baumscheiben, ca. 4,5-5 cm lang
- Baumflechte
- grünes Islandmoos
- 2 Reisig-Kränze, Ø ca. 8 cm
- hellgrüne Sisalwolle, ca. 40 g

Zuschnitt des Drahtgitters

Boden, 9 x 9 Kästchen
2 herzförmige Seiten, je 17 x 19 Kästchen (Zuschnitt siehe Vorlagenbogen)
2 Seiten, je 9 x 15 Kästchen
Ausgießer, 10 x 20 Kästchen (Zuschnitt siehe Vorlagenbogen)
oberer Henkel, 3 x 30 Kästchen
seitlicher Henkel, 3 x 25 Kästchen

Alle zugeschnittenen Einzelteile mit verzinktem Bindedraht zusammenbinden (siehe Skizze Seite 5). Zu Beginn die vier Seiten am Boden befestigen und in der Höhe miteinander verbinden. Nun den Ausgießer rund formen und die offene Naht schließen. Dann den stufenartigen Ansatz seitlich am Gießkannen-Körper andrahten. Die Kokoskordel auf die Ränder des Bodens, der herzförmigen Seiten, des Ausgießers sowie dessen Öffnung legen und mit dünnem Papier-Deko-Draht umwickeln.

Nun die Henkel an der Gießkanne befestigen und deren Ränder mit dem 2 mm starken Papier-Deko-Draht versäubern. Ebenso mit den Rändern der geraden Seiten verfahren. Nun durch die mittlere Kästchen-Reihe beider Henkel Schleifenband flechten und dessen Anfang und Ende festkleben. Die Konturen der herzförmigen Seiten durch aufgesetzte Baumscheiben betonen. Danach ein Stück Schleifenband zur Schlaufe legen, mittig abbinden, etwas Sisalwolle unterlegen und auf dem Drahtgitter fixieren. Die mit schmalem Schleifenband umwickelten Reisig-Kränze hängend anbringen. Zuletzt etwas Islandmoos und Baumflechte vereinzelt platzieren sowie den Boden und den Ausgießer mit Sisalwolle auskleiden.

Herz in Orange

Material

- 2 verzinkte Drahtgitter-Stücke, je 31 x 31 Kästchen (Zuschnitt siehe Vorlagenbogen)
- naturfarbener Papier-Deko-Draht, Ø ca. 0,8 mm
- Kokoskordel, 1,5 m lang
- orange Kokoskordel, 2 m lang
- orange Sisalfaser mit Draht, 1,5 m lang
- oranges Schleifenband, 5 mm breit, 5 m lang
- 24 Baumscheiben, ca. 4,5 - 5 cm lang
- Mini-Astscheiben
- braunes Islandmoos
- 16 Deko-Rosen
- Metall-Clip, Sonne
- Metall-Gießkanne
- Terrakotta-Halbtopf, Ø 9 cm
- herbstrote Acrylfarbe
- dunkelbraune Patina
- orange Sisalwolle, ca. 200-250 g

Für das Zusammenbinden der zugeschnittenen Drahtgitter-Stücke beide Teile aufeinander legen, die Kokoskordel auf dem Rand platzieren und mit Papier-Deko-Draht umwickeln (siehe Skizze Seite 5). Dabei zunächst seitlich eine Öffnung lassen, um das Herz mit Sisalwolle ausstopfen zu können. Danach die Naht schließen. Am äußeren Rand der Vorderseite (an der Herzspitze beginnend) die orange Kokoskordel fixieren und deren Enden schneckenförmig aufrollen. Dazwischen senkrecht auf die drei mittleren Kästchen-Reihen je einen Schleifenband-Streifen kleben. Ebenso mit drei waagerechten Kästchen-Reihen unterhalb der Schnecken verfahren.

Zur weiteren Dekoration den Herz-Rand der Vorderseite mit aufgelegten Baumscheiben, Islandmoos, Deko-Rosen sowie Mini-Astscheiben verzieren. Nun den Terrakotta-Halbtopf bemalen, mit Patina abreiben und auf einer Herz-Hälfte befestigen. Gegenüberliegend die Metall-Gießkanne platzieren und oberhalb den Metall-Clip einschieben. Als Nächstes die Sisalfaser doppelt legen, verdrehen und als Aufhänger am Herz andrahten. Anschließend mit orangefarbenem chleifenband umwickeln. Zuletzt aus dem restlichen Band zwei Schleifen binden, deren Mitte mit Islandmoos versehen und an den Enden des Aufhängers fixieren.

Tipp

Die Vorder- und Rückseite kann zunächst auch mit verzinktem Bindedraht zusammengenäht werden. Anschließend die Kokoskordel auf den Rand legen und mit Papier-Deko-Draht festwickeln.

Herz-Tasche

Material
- verzinktes Drahtgitter (siehe Zuschnitt)
- verzinkter Bindedraht, Ø ca. 0,35 mm
- oranger Papier-Deko-Draht, Ø 2 mm, 4 m lang
- orange Sisalfaser mit Draht, 2,5 m lang
- oranges Schleifenband, 6 mm breit, 4 m lang
- Draht, Ø ca. 4 mm, ca. 60 cm lang
- dunkelbraunes Krepp-Wickelband
- Buchs-Rebengirlande, 1 m lang
- Birkenrinde
- 18 Baumscheiben, ca. 4,5-5 cm lang
- dünne Zweigstücke
- Moos
- braunes Islandmoos
- 4 kleine Tontöpfe, Ø ca. 2,5 cm
- 2 Metall-Sonnenblumen
- braune Sisalwolle, ca. 40 g
- Pflanzgefäß, Ø ca. 10,5 cm, ca. 16 cm hoch

Zuschnitt des Drahtgitters
Boden, 11 x 11 Kästchen
Vorder- und Rückseite, je 14 x 23 Kästchen (Zuschnitt siehe Vorlagenbogen)
2 Seiten, je 11 x 20 Kästchen

Alle zugeschnittenen Einzelteile mit verzinktem Bindedraht zusammennähen (siehe Skizze Seite 5). Zunächst die Vorder- und Rückseite am Taschenboden befestigen. Danach die beiden Seiten zwischenfassen, mit dem Boden verbinden und in der Höhe mit der Vorder- und Rückseite zusammenfügen. Nun die Sisalfaser auf alle Ränder der Herz-Tasche legen und mit Papier-Deko-Draht umwickeln. Auf der Vorder- bzw. Rückseite in die 9. - 11. Kästchen-Reihe (vom Boden aus gezählt) waagerecht das Schleifenband einflechten. Nun senkrecht in die drei mittleren Reihen ebenfalls das Band einziehen. Jetzt beidseitig davon mit je vier Kästchen Zwischenraum eine weitere Kästchen-Reihe durchflechten und fixieren. Aus Draht den Tragegriff biegen, an der Taschen-Öffnung befestigen und mehrfach mit Krepp-Wickelband ummanteln. Danach den Griff mit der Buchs-Rebengirlande locker umwickeln und mit einem aus Birkenrinde geschnittenen Herz dekorieren. Auf die obere Hälfte der Seiten reihenweise abwechselnd Baumscheiben und Moos platzieren. Darauf die dünnen gestapelten Zweigstücke kleben. Um die Ansatzstellen des durchgezogenen Schleifenbandes zu kaschieren, diese mit Islandmoos abdecken. Als Nächstes an den unteren Rand der Vorder- und Rückseite je zwei kleine mit Moos befüllte Tontöpfe setzen sowie mittig je eine Metall-Sonnenblume anbringen. Zuletzt die Herz-Tasche mit Sisalwolle auskleiden und ein bepflanztes Gefäß hineinstellen.

Herz-Wandkorb

Material

- verzinktes Drahtgitter (siehe Zuschnitt)
- verzinkter Bindedraht, Ø ca. 0,35 mm
- Kokoskordel, 5,5 m lang
- naturfarbener Papier-Deko-Draht, Ø ca. 0,8 mm
- orange Sisalfaser mit Draht, 1 m lang
- Moos
- grünes Dschungelmoos
- 26 Baumscheiben, ca. 4,5 - 5 cm lang
- Mini-Astscheiben
- Birkenrinde
- Baumrinde, Baumflechte
- 7 Zapfen
- dünne Zweigstücke
- Metall-Clip, Sonne
- Pflanzgefäß, Ø ca. 15,5 cm

Zuschnitt des Drahtgitters

Boden, 3 x 10 Kästchen
Korb-Vorderseite, 17 x 19 Kästchen (Zuschnitt siehe Vorlagenbogen)
Korb-Rückseite, 29 x 36 Kästchen (Zuschnitt siehe Vorlagenbogen)
2 Korb-Seiten, je 10 x 18 Kästchen

Als Erstes die Korb-Seiten am Boden mit verzinktem Bindedraht annähen (siehe Skizze Seite 5). Danach die Korb-Vorderseite bzw. Rückseite auflegen und mit dem Boden sowie den Seitenteilen verbinden. Anschließend die Kokoskordel auf alle Ränder legen und mit Papier-Deko-Draht umwickeln. Den Rand der Herzform und der Korb-Öffnung mit doppelt gelegter Kokoskordel versehen. Nun die Baumscheiben dachziegelartig am äußeren Rand der Herzform platzieren. Aus Birkenrinde ein großes sowie ein kleines Herz schneiden, mit Moos unterlegen und mittig fixieren.

Aus dem Rest der Kordel einen Aufhänger am Wandkorb anbringen und den Sonnen-Metall-Clip einschieben. Nun die Korb-Seiten mit Baumrinde, Baumflechte, je zwei Baumscheiben und Moos dekorieren. Auf der Korb-Vorderseite ebenfalls Baumrinde, Mini-Astscheiben, Baumflechte, sowie Zapfen fixieren. Aus der Sisalfaser eine Schleife legen, mittig einen Zapfen befestigen und am Rand der Korb-Öffnung anbringen. Gegenüberliegend drei Zapfen anordnen, dünne Zweigstücke aufeinander kleben und auf einer Ecke platzieren. Zuletzt das Pflanzgefäß in den mit Moos und Dschungelmoos ausgekleideten Korb setzen.

Herz in Grün

Material

- 2 verzinkte Drahtgitter-Stücke, je 25 x 25 Kästchen (Zuschnitt siehe Vorlagenbogen)
- verzinkter Bindedraht, Ø ca. 0,35 mm
- naturfarbener Papier-Deko-Draht, Ø ca. 0,8 mm
- naturfarbener Bast
- olivgrüne Kokoskordel, 1,5 m lang
- Grasfaser-Zopf, 15 mm breit, 2,5 m lang
- 8 Deko-Blüten
- 4 Baumscheiben, ca. 4,5 - 5 cm lang
- Baumflechte
- Moos
- dünne Zweigstücke
- Mini-Spaten und -Harke
- Metall-Kanne
- olivgrüne Sisalwolle, ca. 150-200 g

Zunächst die zugeschnittenen Drahtgitter-Stücke mit verzinktem Bindedraht zusammennähen (siehe Skizze Seite 5). Dabei seitlich eine Öffnung lassen, um das Herz mit Sisalwolle auszustopfen und danach die Naht schließen. Nun den äußeren Rand der Vorder- bzw. Rückseite mit dem Grasfaser-Zopf bekleben. Danach eine Herz-Hälfte auf der Vorderseite mit Moos, Baumflechte, dünnen Zweigstücken und Deko-Blüten verzieren. Auf der anderen Hälfte den Mini-Spaten sowie die Harke, Moos und Baumflechte fixieren. Als Nächstes aus der Kokoskordel eine Schleife binden, mit Bast unterlegen und auf dem Herz platzieren. Danach die Metall-Kanne in der Schleifenmitte anknoten und auf die Herzspitze zwei Baumscheiben setzen. Den naturfarbenen Papier-Deko-Draht befestigen, in kurzen Abständen zur Spirale wickeln und beliebig um die Dekoration legen. Als Abschluss aus der restlichen Kokoskordel einen Aufhänger am Herz anbringen.

Tipp

Ein dünnes Holzstäbchen (z.B. ein Schaschlikspieß) erleichtert das spiralförmige Wickeln des Papier-Deko-Drahtes. Alternativ zum Grasfaser-Zopf eignet sich ebenfalls ein geflochtener Zopf aus Bast oder Kokos- bzw. Deko-Kordel.

Schubkarre mit Igel

Material

- verzinktes Drahtgitter (siehe Zuschnitt)
- verzinkter Bindedraht, Ø ca. 0,35 mm
- Kokoskordel, 1 m lang
- naturfarbener Papier-Deko-Draht, Ø 2 mm, 1,5 m lang
- naturbraunes Stäbchenband, 5 cm breit, 1 m lang
- naturfarbener Bast
- grünes Islandmoos
- dünne Zweigstücke
- 2 Baumscheiben, ca. 4,5 - 5 cm lang
- Holz-Streublüten: 2 x ca. Ø 5 cm, 2 x ca. Ø 3,5 cm
- Birkenrinde
- Holzkugeln: 2 x Ø 3,5 cm, 2 x Ø 4 cm
- 2 Holzkugeln mit Loch, Ø 4 cm
- Holzrad mit Gummiprofil, Ø 10 cm
- Rundholz, Ø ca. 8 mm, ca. 12 cm lang
- Deko-Igel, ca. 10 cm lang
- olivgrüne Sisalwolle, ca. 150 g
- Pflanzgefäß

Zuschnitt des Drahtgitters

Boden, 16 x 20 Kästchen
2 kurze Seiten, je 9 x 16 Kästchen
2 lange Seiten, je 9 x 20 Kästchen
2 kurze Rollen, je 11 x 20 Kästchen
2 lange Rollen, je 16 x 39 Kästchen

Für das Zusammenbinden der zugeschnittenen Einzelteile den verzinkten Bindedraht verwenden. Als Erstes die kurzen bzw. langen Seiten entsprechend am Boden andrahten und in der Höhe miteinander verbinden (siehe Skizze Seite 5). Zwei kurze Rollen mit einem Durchmesser von je ca. 3,5 cm und zwei lange mit einem Durchmesser von je ca. 4 cm formen und die Nähte schließen. Nun die kurzen Rollen an der zweiten Kästchen-Reihe einer Seite (vom Rand aus gezählt) beidseitig senkrecht befestigen. Dazwischen die langen Rollen so platzieren, dass für die Schubkarren-Griffe 14 Drahtgitter-Kästchen bzw. für das Einsetzen des Holzrades 5 Kästchen überstehen. Die Rollen anschließend am Boden anbinden und mit Sisalwolle ausstopfen. Danach vorne je eine Holzkugel mit Loch einsetzen und das Holzrad mithilfe des durchgeschobenen Rundholzes befestigen. Die Öffnungen der Schubkarren-Griffe mit je einer Holzkugel verschließen. Nun die kurzen Rollen mit Sisalwolle stopfen und obendrauf ebenfalls je eine Kugel fixieren. Als Nächstes die Kokoskordel um den oberen Rand und das Stäbchenband um den unteren Rand der Schubkarre fixieren. Anschließend die langen Seiten mit je zwei Holz-Streublüten und aus Birkenrinde gefertigte Herzen dekorieren. Ein dickes Bastbündel vorn an der Schubkarre andrahten, mit Islandmoos und Baumscheiben schmücken. Nun auf den Griffen ebenfalls ein wenig Islandmoos verteilen und den Deko-Igel platzieren. Zuletzt die Schubkarre mit Sisalwolle auskleiden, auf zwei sich gegenüberliegenden Ecken die dünnen Zweigstücke anbringen und das Pflanzgefäß einsetzen.

Adventszeit

Weihnachtsblüte mit Lichterkette

Material

- 3 verzinkte Drahtgitter-Stücke, je 21 x 21 Kästchen
- roter Papier-Deko-Draht, Ø 2 mm, 1,8 m lang
- rotes Schleifenband, 10 mm breit, 8 m lang
- 20er Lichterkette
- Kunsttanne
- Deko-Reisig, grünes Islandmoos
- je 2 Zapfen und Haselnüsse
- 3 rote Deko-Äpfel, Ø ca. 2 cm
- 4 Ingwerstücke, 2 Zimtsterne, Zimtstange
- 2 Stern-Streuteile
- rote Beerengirlande
- rote Sisalwolle, ca. 100-150 g

Die drei Drahtgitter-Stücke nacheinander wie folgt vorbereiten: Von allen Seiten das Mittelkästchen bestimmen. Bei diesem Modell ist es das 11. Kästchen. Alle Drahtgitter-Kästchen, bis auf das mittlere, senkrecht herausschneiden (siehe Vorlagenbogen). Nun vom Mittelkästchen ausgehend, an dessen Eckpunkten beginnend, vier Blütenblätter formen (siehe Vorlagenbogen). Die angegebenen Punkte beim Blütenblatt A eng zusammendrücken, sodass eine Tütenform entsteht. Das gegenüberliegende Blütenblatt C ebenso fertigen. Bei den Blättern B und D in gleicher Weise vorgehen, jedoch die angegebenen Punkte nicht zusammendrücken sondern nur leicht nach oben wölben (offenes Blütenblatt). Nach der Vorbereitung der drei Drahtgitter-Stücke diese nun (mit den Öffnungen nach oben) versetzt aufeinander legen, sodass sich Blütenblätter in Tütenform und offene Blätter abwechseln. Dabei die einzelnen Blütenblätter noch etwas nachformen. Nun jedes Blatt in Tütenform mit den Seiten der beiden angrenzenden offenen Blätter in einem Vorgang zusammenbinden. Hierfür den Papier-Deko-Draht verwenden und von außen zur Mitte hin wickeln. Am Ende ein Stück Draht von ca. 3 cm Länge hängen lassen. Die in der Mitte hängenden Enden des Papier-Deko-Drahtes miteinander zu einem Knoten verdrehen und fixieren. Nun die Ränder der Blütenblätter mit Schleifenband umwickeln. Dafür die Bandstücke nicht länger als max. 1 m schneiden. Danach in die offenen Blätter das Schleifenband diagonal einflechten und desses Anfang und Ende festkleben. Nun die Blätter in Tütenform mit Sisalwolle ausstopfen und herausragendes Sisal in Form schneiden. Von hinten nach vorne die Lämpchen der Lichterkette durch die Drahtgitter-Kästchen der offenen Blütenblätter stecken und mit Heißkleber befestigen. Von der Mitte ausgehend die Kunnsttanne platzieren. Anschließend die Lämpchen der Lichterkette mit ein wenig Islandmoos kaschieren. Nun das Deko-Material anordnen und fixieren. Als Nächstes aus dem roten Band eine Schleife binden, mit Deko-Reisig unterlegen und auf die Blütenmitte setzen. Die Beerengirlande mittig aufkleben, nach unten auslaufen lassen und etwas Sisalwolle darauf drapieren. Zuletzt ein Aufhängeband befestigen.

Tipp: Die Weihnachtsblüten lassen sich in beliebiger Größe fertigen. Benötigt werden immer drei quadratische Drahtgitter-Stücke mit ungerader Kästchen-Anzahl. Um sich mit der nicht ganz einfachen Arbeitstechnik der Blüten vertraut zu machen, empfiehlt sich als Einstiegsmodell eine Tischblüte (siehe Seite 32).

Nikolaus-Stiefel

Material für einen Stiefel

- 2 verzinkte Drahtgitter-Stücke, je 14 x 16 Kästchen (Zuschnitt siehe Vorlagenbogen)
- rot-weiß kariertes Schleifenband, 15 mm breit, 2 m lang
- weißer Vliesstreifen, 4,5 cm breit, 30 cm lang
- Kunsttanne
- 3 rote Deko-Äpfel, Ø ca. 2 cm
- 2 Ingwerstücke
- Zapfen, Deko-Reisig
- Zimtstange, Anisstern
- 2 rote Filz-Streusterne
- Filz-Herz mit Glocke
- Metall-Teelichthalter zum Hängen
- Teelicht mit LED-Batterie
- rote Sisalwolle, ca. 50 g
- Tannengirlande, 1,5 m lang

Die zugeschnittenen Drahtgitter-Stücke aufeinander legen und mit dem Schleifenband verbinden, (siehe Skizze Seite 5). Danach den Stiefel mit Sisalwolle ausstopfen und die Ecke an der Ferse nach hinten umbiegen. Nun den Vliesstreifen um die Stiefel-Öffnung legen und fixieren. Anschließend darunter das Schleifenband anbringen, vorne zu einer Schleife binden und mittig das Filz-Herz platzieren. Nun die Kunsttanne mit Heißkleber auf der Sisalwolle und evtl. am Vliesrand befestigen. Jetzt den Metall-Teelichthalter aufkleben, ein Teelicht einsetzen und das Deko-Material anordnen. Als Nächstes einen zweiten Nikolaus-Stiefel ebenso fertigen. Jeweils ein Stück der Tannengirlande an den Metall-Teelichthaltern befestigen und den Rest der Girlande locker drapieren.

Material

- 3 verzinkte Drahtgitter-Stücke, je 19 x 19 Kästchen
- kupferfarbener Papier-Deko-Draht, Ø 2 mm, 1,5 m lang
- kupferfarbenes Schleifenband, 8 mm breit, 5,5 m lang
- Kunsttanne
- Deko-Reisig
- je 2 Zapfen, Lotuskolben und Ingwer-
- stücke
- 3 Deko-Äpfel, Ø ca. 2 cm
- 4 Sisal-Sterne, Ø ca. 5 cm
- Zimtstange, Anisstern
- rostrote Beerengirlande
- Teelichthalter
- kupferfarbene Sisalwolle, ca. 100 g

Zu Beginn die Tischblüte gemäß Anleitung „Weihnachtsblüte mit Lichterkette" fertigen. In die Blütenmitte einen Teelichthalter platzieren und die Kunsttanne fixieren. Auf jedes dritte Blütenblatt einen Sisal-Stern kleben. Als Nächstes eine Schleife binden, mit Deko-Reisig unterlegen und auf der Tischblüte befestigen. Anschließend die Zimtstange in Stücke brechen, diese aufeinander kleben, mit einem Anisstern verzieren und in die Schleifenmitte setzen. Nun das restliche Deko-Material anordnen und mit Heißkleber anbringen. Zum Schluss die Beerengirlande sowie ein wenig Deko-Reisig fixieren und locker um die Tischblüte legen.